I0163043

www.ingramcontent.com/pod-product-compliance
Lightning Source LLC
Chambersburg PA
CBHW042340040426

42448CB00019B/3350

9 7 8 1 9 2 3 3 7 6 5 0 2

ماذا سأرى في المستشفى؟

بقلم مايسي بارات
بريشة الرسامة آلاء جبر كراجه

Library For All Ltd.

2

ستذهب جنا إلى المستشفى اليوم
للمرة الأولى.

ما الذي قد تراه هناك؟

سيارة إسعاف

فحص دم

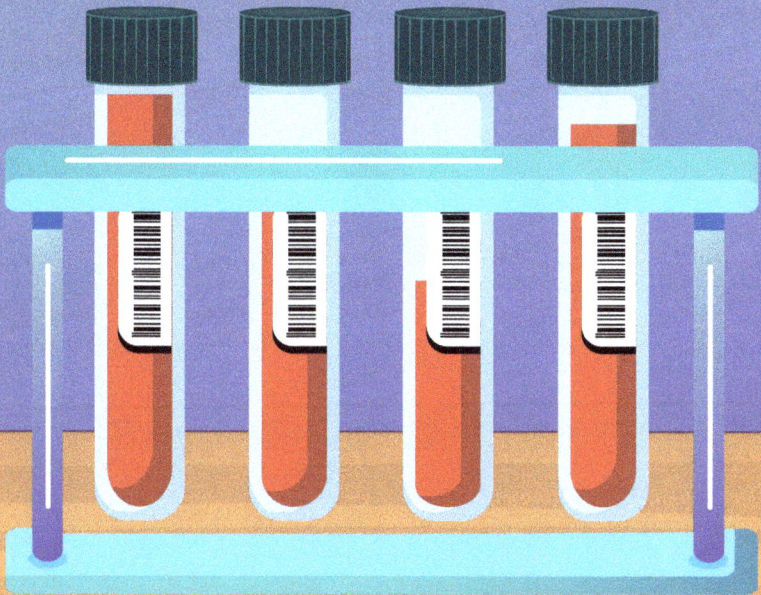

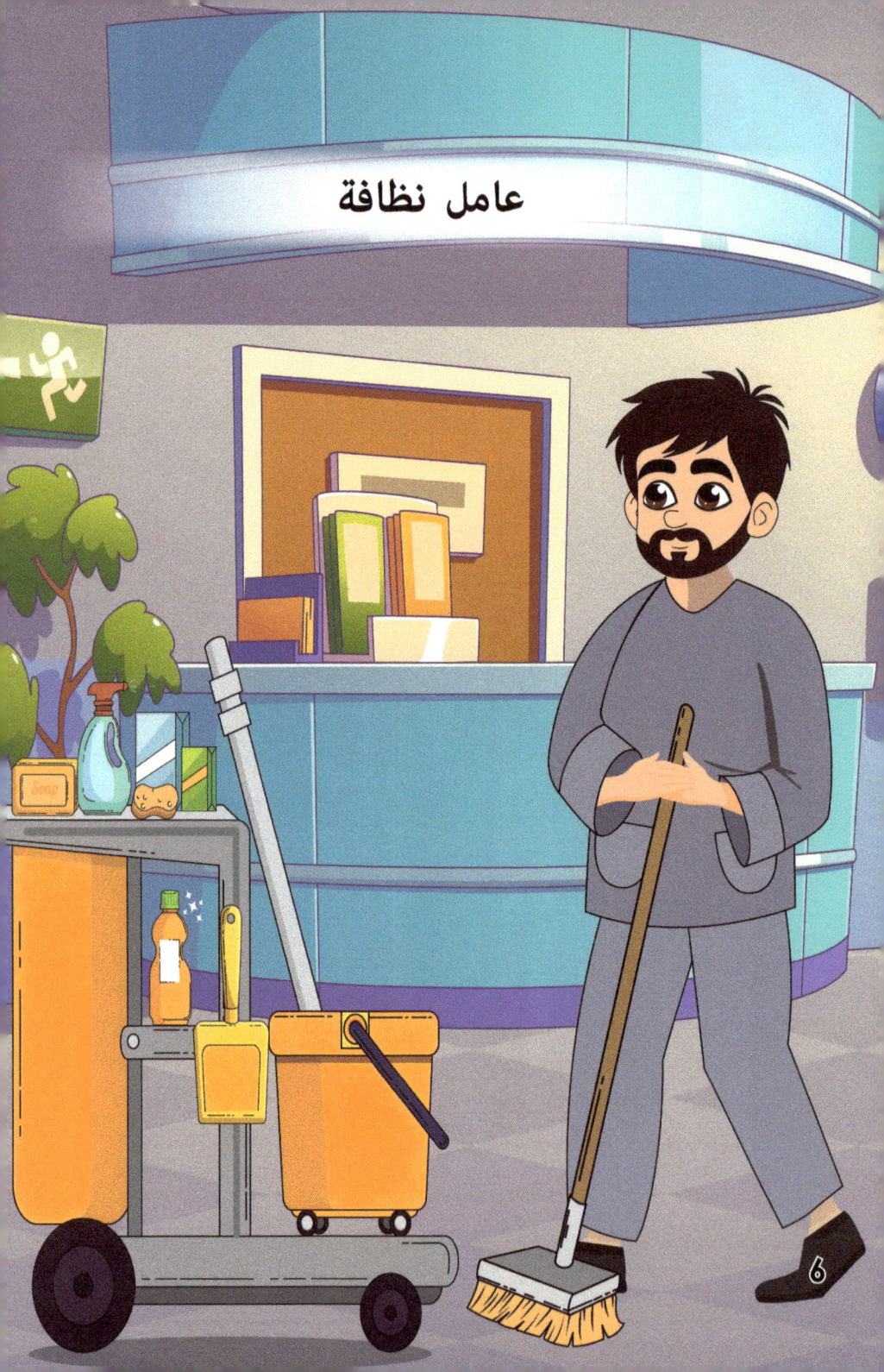

عامل نظافة
Soap

طبيبة

غرفة طوارئ

كمامة وجه

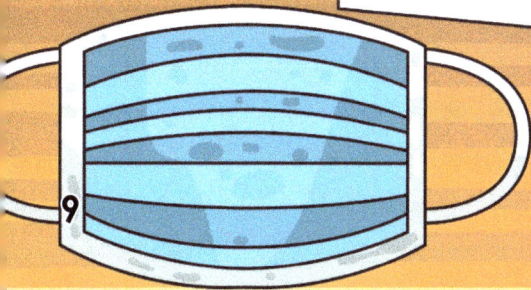

9

رداء المستشفى

معقم أيدي

حقنة

جيلي

مطبخ

مختبر

أدوية

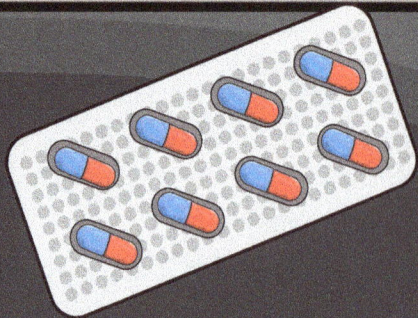

ممرض/ ممرضة

أوكسجين

جبيرة الجبس

حجر صحي

أخصائي الأشعة

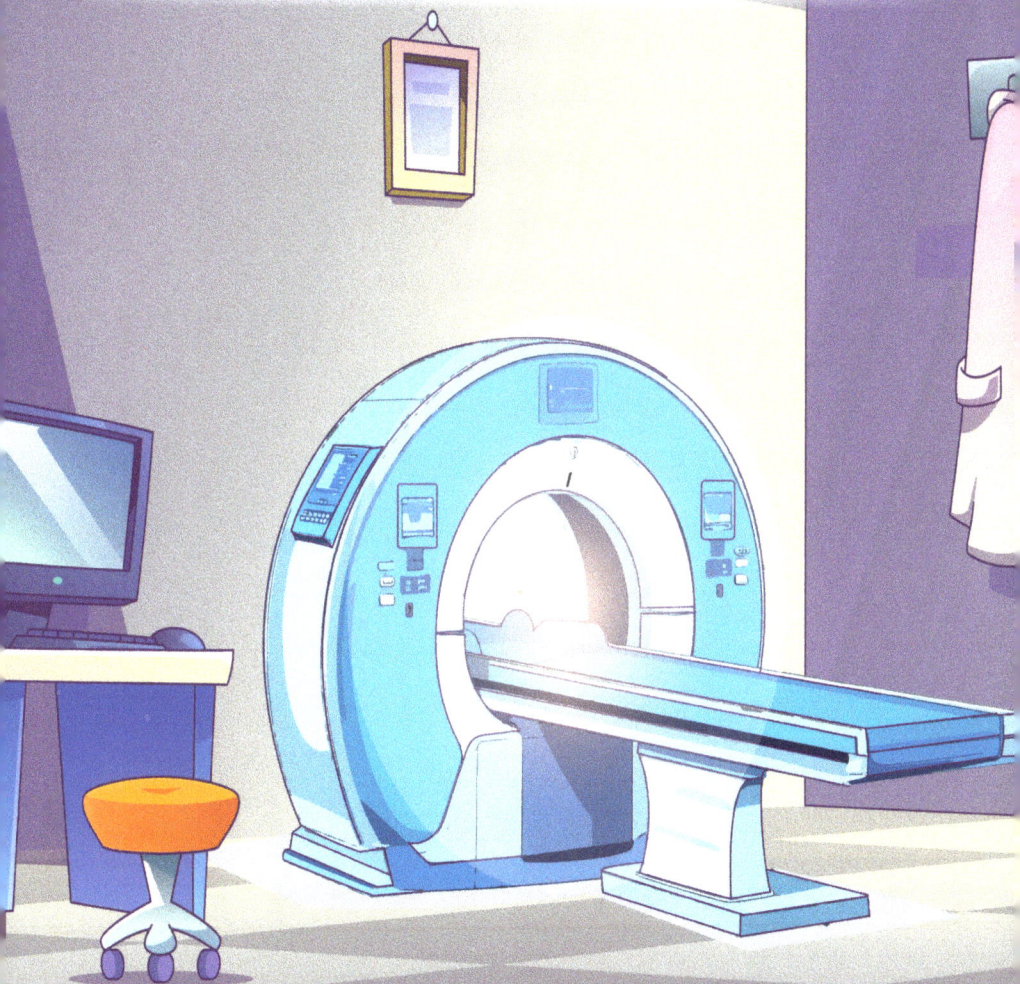

سماعة الطبيب

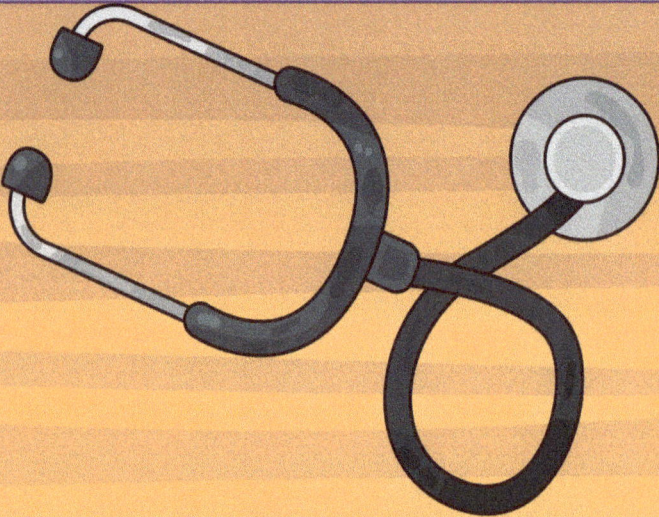

ميزان الحرارة

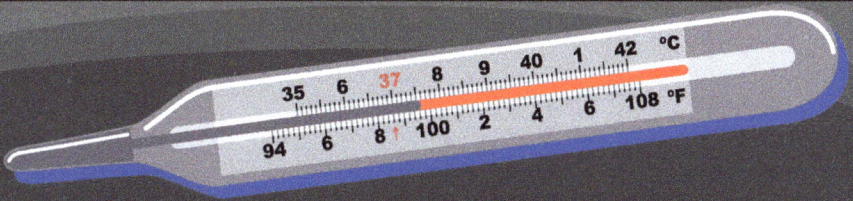

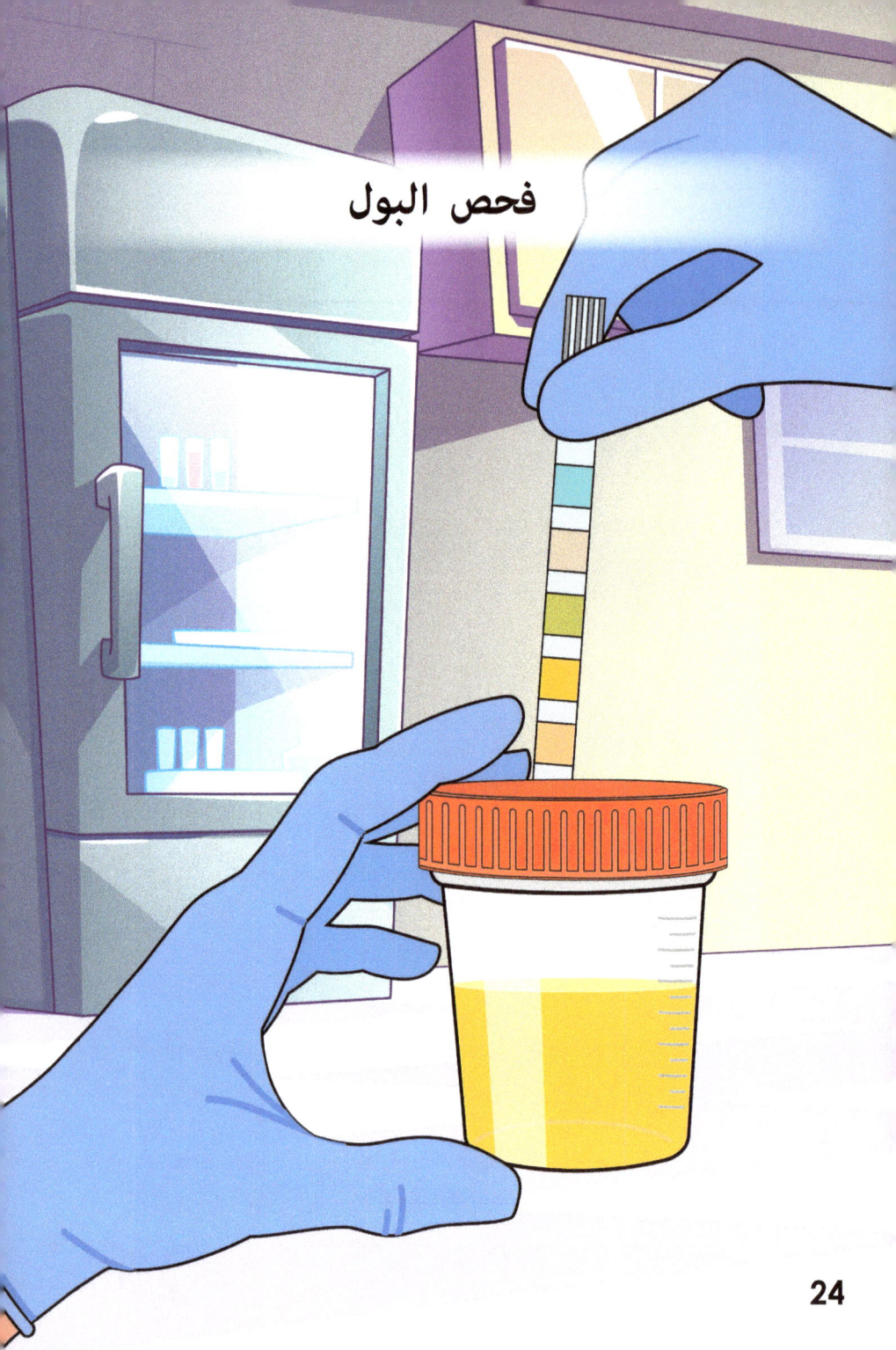

فحص البول

لقاح

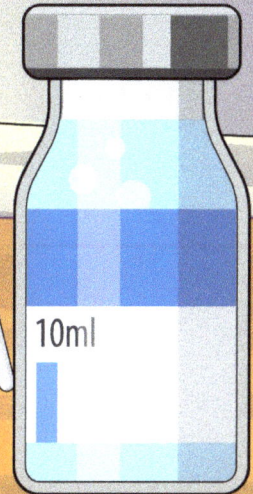

10ml

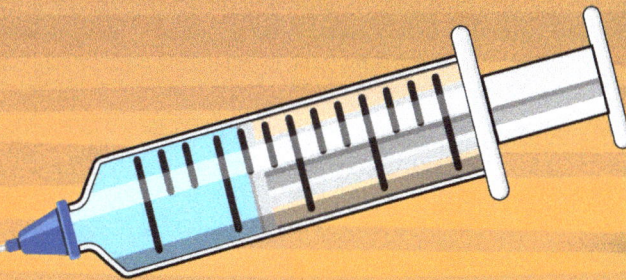

كرسي متحرك

الأشعة السينية

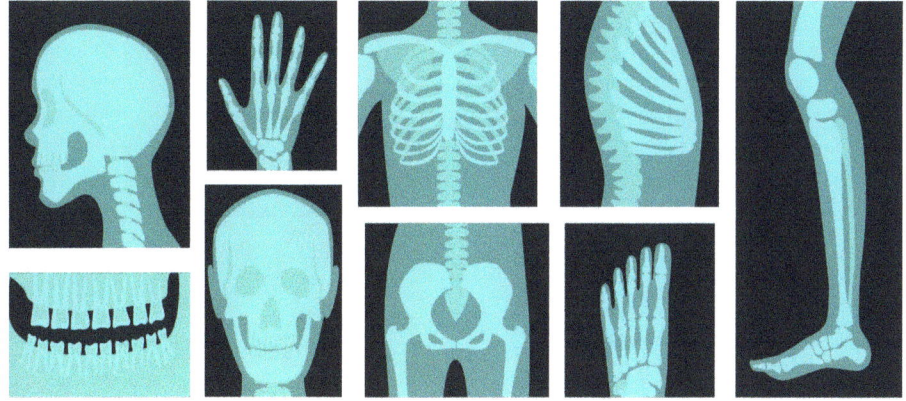

طعام لذيذ

حمار وحشي

لحظة من فضلك!

لا يوجد حمار وحشي في المستشفى!

يمكنك استخدام الأسئلة التالية للتحدث عن هذا الكتاب مع عائلتك وأصدقائك ومدرسيك.

ماذا ترى في الأشعة السينية؟

ما هي استخدامات جبيرة الجبس في المستشفى؟

لماذا يوجد الكثير من الأشياء في المستشفى؟

ماذا رأيت في المستشفى أو في عيادة الطبيب؟

تحدث مع أصدقائك عن أشياء أخرى قد تجدها في المستشفى.

قم بتحميل تطبيق القارئ الخاص بنا
libraryforall.org

»المكتبة للجميع« Library For All هي منظمة أسترالية غير ربحية مهمتها جعل المعرفة في متناول الجميع من خلال مكتبة رقمية مبتكرة.

ماذا سأرى في المستشفى؟

تم إصدار هذه الطبعة في 2025

الناشر: Library For All Ltd

البريد الإلكتروني: info@libraryforall.org

الرابط: libraryforall.org

هذا العمل منشور بموجب الرخصة الدولية لمؤسسة Creative Commons - نَسب المُصنَّف - غير تجاري - منع الاشتقاق 4.0 دولي. للاطلاع على نسخة من تلك الرخصة، يرجى زيارة http://creativecommons.org/licenses/by-nc-nd/4.0/.

الرسوم الأصلية بريشة آلاء جبر كراجه

ماذا سأرى في المستشفى؟

مايسي بارات

ISBN: 978-1-923376-50-2

SKU04614

أنت تقرأ المستوى 1

التمهيدي - القراء المبتدئون

ابدأ رحلة القراءة بكلمات قصيرة وأفكار كبيرة والكثير من الصور.

المستوى 1 - القراء الصاعدون

ارفع مستوى قراءتك بمزيد من الكلمات والجمل البسيطة والصور المبهجة.

المستوى 2 - القراء المتحمسون

استمتع بوقت القراءة مع الكلمات المألوفة، والجمل المركبة.

المستوى 3 - القراء المتقدمون

طور مهاراتك في القراءة بقصص إبداعية وبعض المفردات الصعبة.

المستوى 4 - القراء الفصيحون

عزز مهاراتك في القراءة من خلال الروايات المرحة والكلمات الجديدة والحقائق الممتعة.

المستوى 5 - القراء الفضوليون

اكتشف عالمك من خلال العلم والقصص.

المستوى 6 - القراء المغامرون

اكتشف عالمك من خلال العلم والقصص.

هل استمتعت بهذا الكتاب؟

لدينا المئات من القصص الأصلية المنتقاة بخبرة للاختيار من بينها.

نعمل بالشراكة مع مؤلفين ومعلمين ومستشارين ثقافيين وحكومات ومنظمات غير حكومية لجلب متعة القراءة للأطفال في كل مكان.

هل تعلم؟

نحن نخلق تأثيرًا عالميًا في هذه المجالات من خلال تبني أهداف الأمم المتحدة للتنمية المستدامة.

library for all.org

عن المساهمين

تعمل «المكتبة للجميع Library For All» مع مؤلفين ورسامين من جميع أنحاء العالم لإصدار قصص متنوعة ومناسبة وعالية الجودة للقرّاء الصغار. زوروا موقعنا الإلكتروني Libraryforall.org للحصول على آخر الأخبار حول فعاليات ورش عمل الكتّاب وإرشادات التقديم والفرص الإبداعية الأخرى.